Werner Ehlen

Glaube leicht gemacht
– aber nicht light

Impressum

Copyright © 2020 Werner Ehlen
Titelbild © Werner Ehlen
Herstellung und Verlag:
BoD – Books on Demand, Norderstedt
ISBN 978-3-75199-948-9

*Bibliografische Information der Deutschen Nationalbibliothek:
Die Deutsche Nationalbibliothek verzeichnet diese Publikation in
der Deutschen Nationalbibliografie; detaillierte bibliografische
Daten sind im Internet über dnb.dnb.de abrufbar.*

Inhalt

Vorwort

Nach meiner Erfahrung gibt es Menschen, die sich den Glauben sehr schwer machen, weil sie meinen, „alles" glauben zu müssen, auch, wenn es dem Verstand und dem heutigen Wissen von der Welt widerspricht. Und viele andere, die aus diesem oder anderen Gründen gar nichts mehr glauben, zumindest nicht das, was die christliche oder eine andere der großen Religionen an Inhalten vorgibt. Ich möchte in diesem Buch aufzeigen, dass man als Mensch des 21. Jahrhunderts die Kerninhalte des christlichen Glaubens vollziehen kann, ohne sich zu verbiegen, dass dieser Glaube froh machen und hilfreich sein kann. Und dass man dazu weder Theologie studiert haben noch den ganzen Tag in der Kirche verbringen muss.

Dass dieses Büchlein das dünnste meiner bisher veröffentlichten ist, zeigt vielleicht am besten, dass es zum Glauben kein 14bändiges „Lexikon für Theologie und Kirche" mit insgesamt 8292 Seiten braucht, auch kein „Neues Lexikon der katholischen Dogmatik" mit „nur" 720 Seiten. Es genügen ein paar wenige Verse aus der Bibel – diese sollte man allerdings ernst nehmen und vor allem LEBEN!

Eine kleine Geschichte zur Verdeutlichung

Ein Philosophieprofessor stand vor seinen Studenten und hatte ein paar Dinge vor sich liegen. Als der Unterricht begann, nahm er ein großes leeres Gurkenglas und füllte es bis zum Rand mit großen Steinen. Anschließend fragte er seine Studenten, ob das Glas voll sei. Sie antworteten mit ja. Der Professor nahm eine Schachtel mit Kieselsteinen und schüttete sie in das Glas und schüttelte es leicht. Die Kieselsteine rollten natürlich in die Zwischenräume der größeren Steine. Dann fragte er seine Studenten erneut, ob das Glas jetzt voll sei. Sie antworteten wieder mit ja und lachten. Der Professor seinerseits nahm eine Schachtel mit Sand und schüttete ihn in das Glas. Natürlich füllte der Sand die letzten Zwischenräume im Glas aus. "Nun", sagte der Professor zu seinen Studenten, "ich möchte, dass sie erkennen, dass dieses Glas wie ihr Leben ist! Die Steine sind die wichtigen Dinge im Leben: ihre Familie, ihr Partner, ihre Gesundheit, ihre Kinder - Dinge, die - wenn alles andere wegfiele und nur sie übrig blieben - ihr Leben immer noch erfüllen würden. Die Kieselsteine sind andere, weniger wichtige Dinge, wie z.B. ihre Arbeit, ihre Wohnung, ihr Haus oder ihr Auto. Der Sand symbolisiert die ganz kleinen Dinge im Leben. Wenn Sie den Sand zuerst in das Glas füllen, bleibt kein Raum für die Kieselsteine oder die großen Steine. So ist es auch in ihrem Leben: Wenn Sie all ihre Energie für die kleinen Dinge in ihrem Leben aufwenden, haben Sie für die großen keine mehr. Achten Sie daher auf die wichtigen Dinge, nehmen Sie sich Zeit für ihre Kinder oder ihren Partner, achten Sie auf ihre Gesundheit. Es wird noch genug Zeit geben für Arbeit, Partys usw. Achten Sie zuerst auf die großen Steine - sie sind es, die wirklich zählen. Der Rest ist nur Sand."

Nach dem Unterricht nahm einer der Studenten das Glas mit den großen Steinen, den Kieseln und dem Sand - bei dem mittlerweile sogar der Professor sagte, dass es voll war - und schüttete ein Glas Schokolade hinein. Die Schokolade füllte den noch verbliebenen Raum im Glas aus; dann war es wirklich voll.

(Quelle unbekannt)

Abgesehen vom witzigen Ende der Geschichte enthält sie natürlich eine wichtige Lebenswahrheit. Diese Aussage können wir genau so auch auf unseren Glauben anwenden.

Wir müssen uns fragen, was die „großen Steine" unseres Glaubens sind. Dann können wir bedenkenlos unser Glaubensglas mit den „Kieselsteinen" und dem „Sand" des Glaubens auffüllen. Wenn wir es anders herum machen, haben wir zwar vielleicht ein bis an den Rand gefülltes Glaubensleben, aber die entscheidenden Dinge sind darin vielleicht trotzdem nicht enthalten.

Ein zweiter Gedanke vorweg: Wir alle kennen aus unserem alltäglichen Leben viele Light-Produkte. Dabei ist immer ein wesentlicher Inhaltsstoff reduziert. Mit „leicht gemacht - aber nicht light" möchte ich zeigen, dass man sich das Glauben nicht schwer machen muss, aber trotzdem nicht die wesentlichen Inhaltsstoffe weglassen sollte.

Dies aufzuzeigen, vielleicht wieder (neu) ins Bewusstsein zu bringen, ist die Absicht dieses Buches.

Die „großen Steine" unseres Glaubens - Grundlegendes

Wohl alle Religionen haben zentrale Glaubensinhalte, die das Kerngerüst dieser Religion bilden: Die fünf Säulen des Islam, die vier edlen Wahrheiten des Buddhismus, … .

Was sind die zentralen Glaubensinhalte des Christentums? Nicht dogmatisch in der Ausformung in Jahrhunderten der Kirchengeschichte gedacht, sondern von der Bibel und Jesus her?

Ab hier kann man theologisch jahrelang streiten und so ist natürlich klar, dass ich eine sehr subjektive (wenn auch durch Bibelwissen und Theologie gestützte) Auswahl treffe, dieses ganze Buch auf meinen Glaubens- und Lebenserfahrungen gründet.

Um die „großen Steine" des Christentums zu finden, müssen wir uns das Leben und Wirken Jesu anschauen, der selbst als der „Eckstein" bezeichnet wird, wie es uns in den Evangelien überliefert ist. Dies reduziert unsere Quellensuche schon auf nicht mehr allzu viele Seiten, ohne dadurch die restliche Bibel abwerten zu wollen (siehe auch mein Buch „Meine Perlen der Bibel").

Eine noch kürzere Grundlage unseres Glaubens nennt uns der Apostel Paulus, auf den unsere Religion und Theologie ganz wesentlich zurück geht: „Für jetzt bleiben Glaube, Hoffnung, Liebe, diese drei; doch am größten unter ihnen ist die Liebe."[1] An dieser Dreigliederung möchte ich in einem ersten Schritt festhalten.

Glaube

Was ist DER zentrale Inhalt unseres Glaubens? Die Antwort scheint – und ist – einfach: Dass es Gott gibt. Etwas schwieriger wird es, wenn wir dieses „Gott" ein wenig genauer zu fassen versuchen. Welchen Gott? Wie und was ist dieser Gott? Auf das „was" gibt uns die Bibel auf den ersten Seiten die Antwort: Gott ist der Schöpfer-Gott, der Gott, in dem alles, der ganze Kosmos seinen Ursprung hat. Er ist der Urgrund allen Seins, hat alles ins Leben gerufen, unabhängig davon, was die Wissenschaft noch alles herausfinden wird, was dieses Universum an Überraschungen für uns bereithält – sei es Dunkle Materie, Dunkle Energie, allen Elementarteilchen zugrunde liegende Teilchen, was auch immer.

Das „wie" hängt eng damit zusammen, denn zentrale Aussage der Bibel ist es, dass Gott all dies aus Liebe geschaffen hat. Er ist Liebe, liebt seine Schöpfung, bedingungslos.

Hoffnung

Worauf hoffen wir Christen? Die letzte Hoffnung ist, dass mein Leben nicht verloren gehen kann, dass mein Leben im Letzten Sinn hat. Und da dieses „mein" natürlich für jeden Menschen gilt, ist unsere Hoffnung, dass bei Gott kein Leben verloren gegeben werden muss, sei es in unseren Augen auch noch so sinnlos verlaufen, noch so gegen den Willen Gottes gerichtet gewesen.

Liebe

Damit sind wir am Kernpunkt des christlichen Glaubens angelangt, wie uns nicht nur Paulus sagt („doch am größten unter ihnen ist die Liebe"), sondern vor allem Jesus in unzähligen Gleichnissen und mehr noch in und mit seinem ganzen Leben.

Diese christliche Liebe gliedert sich nun noch einmal in drei Elemente auf: „Du sollst den Herrn, deinen Gott, lieben mit deinem ganzen Herzen und deiner ganzen Seele, mit deiner ganzen Kraft und deinem ganzen Denken, und deinen Nächsten wie dich selbst."[2] Jesus zitiert hier in allen drei synoptischen Evangelien Dtn 6,5, das „Schma Israel", „Höre Israel", vergleichbar unserem Glaubensbekenntnis, erweitert es aber um die Nächsten- und Selbstliebe.

Wir sollen also Gott lieben und unseren Nächsten, und wir dürfen dabei auch an uns selbst denken, müssen Gott und den Nächsten nicht mehr lieben als uns selbst („wie dich selbst").

Eine unheimlich befreiende Botschaft, wie ich finde, die leider auch oft vergessen, bzw. kirchlicherseits gern unterschlagen wird.

Unübertroffen hat dies Elmar Gruber in zahllosen Vorträgen ausgedrückt: „Das Wichtigste ist, dass es mir gut geht. Denn nur, wenn es mir gut geht, kann ich auch gut zu anderen sein."

Während die Nächsten- und auch die Selbstliebe relativ konkret benannt und umgesetzt werden können, scheint die Gottesliebe auf den ersten Blick eher verschwommen, diffus zu sein. Wie können wir Gott zeigen, dass wir ihn lieben? Indem wir möglichst viel beten, in den Gottesdienst gehen, Messen lesen lassen oder uns bemühen, alles zu glauben, was die Kirche (dogmatisch) vorschreibt?

Ich denke nicht. Es geht bei der Gottesliebe nicht um Glaube(nshinhalte), sondern um das Erfüllen des Willens Gottes, letztlich also auch wieder um die Nächstenliebe, wie sich an vielen Bibelstellen belegen lässt, zum Beispiel:

„Nicht jeder, der zu mir sagt: Herr! Herr!, wird in das Himmelreich kommen, sondern wer den Willen meines Vaters im Himmel tut."[3]

„Was nützt es, meine Brüder und Schwestern, wenn einer sagt, er habe Glauben, aber es fehlen die Werke? Kann etwa der Glaube ihn retten? Wenn ein Bruder oder eine Schwester ohne Kleidung sind und ohne das tägliche Brot und einer von euch zu ihnen sagt: Geht in Frieden, wärmt und sättigt euch!, ihr gebt ihnen aber nicht, was sie zum Leben brauchen - was nützt das? So ist auch der Glaube für sich allein tot, wenn er nicht Werke vorzuweisen hat. Aber es könnte einer sagen: Du hast Glauben und ich kann Werke vorweisen; zeige mir deinen Glauben ohne die Werke und ich zeige dir aus meinen Werken den Glauben. Du glaubst: Es gibt nur einen Gott. Damit hast du Recht; das glauben auch die Dämonen und sie zittern. Willst du also einsehen, du törichter Mensch, dass der Glaube ohne Werke nutzlos ist?"[4]

Dass Gebet, Gottesdienst und die vielen anderen Ausdrucksformen unseres Glaubens natürlich trotzdem ihren Sinn haben, werde ich in einem späteren Kapitel aufzeigen.

Vorerst dürfen wir aber die „großen Steine" unseres „Glaubensglases" benennen: Glaube, Hoffnung, Liebe.

Die „Kieselsteine" - Gottesdienstpflicht?

Muss man als guter Christ am Sonntag in die Kirche gehen? Wohl eine der Standardfragen in Bezug auf das „richtige Christ-sein" und zugleicht ein deutliches Zeichen, wie falsch verstanden das Christ-sein oft wird.

Dass Christ-sein und der Gottesdienstbesuch (ebenso wie einiges andere) in eins gesetzt werden, ist leicht erklärbar, wenn wir uns die sogenannten „Kirchengebote" kurz ansehen. Zwar enthalten sie meist ein „du sollst", aber einleitend wird gesagt, dass sie verbindlichen Charakter haben.

Und so verpflichten uns diese Kirchengebote eben zum sonntäglichen Gottesdienstbesuch, zur jährlichen Beichte und zum jährlichen Kommunionempfang, wohingegen man von der Nächstenliebe, von Werken der Liebe nichts liest.

Nun könnte man zurecht sagen, dass das Kind wohl eh schon in den Brunnen gefallen ist, wenn ich einen Katholiken dazu verpflichten muss, einmal im Jahr zur Kommunion zu gehen.

Das Problem liegt aber tiefer. Indem ich Beichte, Kommunionempfang und Gottesdienstbesuch zum Wesen der Kirche erhebe, verliere ich das Eigentliche aus dem Blick. Wir erinnern uns an die Kieselsteine, die, einmal ins Glas gefüllt, verhindern, dass ich die großen, wichtigen Steine noch unterbringe.

Sind Gottesdienstbesuch, Beichte und Kommunionempfang also unwichtig? Natürlich nicht.

Christ-sein, Nächstenliebe leben ist schwer, anstrengend und allein fast nicht zu schaffen. Ich brauche immer wieder Anregungen dafür (Predigt), ich brauche die Erfahrung von Gemeinschaft, dass ich nicht allein bin mit meinen Überzeugungen (Gottesdienstbesuch), ich brauche Reflexion und Korrektur (Beichte). All das bekomme ich von der Kirche angeboten, von Gott geschenkt. Aber eben als Hilfsangebote, um mein Christ-sein zu leben, nicht als Inhalt und Aufgabe meines Christentums.

Alles was die Kirche anbietet, sind Hilfsangebote, Unterstützungssysteme, um meinen Glauben zu leben (Sakramente, Gebet, die Erinnerung an die 10 Gebote), nicht Inhalt meines Glaubens, keine Aufgaben oder Anforderung, die es zu erfüllen gilt. Kirche selbst sollte so eine Hilfe sein, kein Lehrmeister, schon gar nicht ein Zuchtmeister.

Es ist gut und tut gut, mit diesen „Kieselsteinen" sein Glaubensglas zu füllen. Aber es ist keine Sünde, es nicht zu tun, höchstens dumm.

Der „Sand" (im Getriebe?)

Kommen wir zu den Dingen, die durchaus auch Platz in meinem Glaubensglas haben (dürfen und sollen), den Dingen, die als Sand gut zwischen den großen Steinen und den Kieselsteinen hindurchrieseln, dem Glas noch mehr Stabilität verleihen können, leider aber auch oft das Getriebe meines Glaubens „verstopfen", wenn sie der Hauptbestandteil meines Glaubens werden.

In diese Kategorie gehört zuerst einmal alles, was man auch mit „Theologie betreiben" umschreiben könnte. Spitzfindige Überlegungen, ob ungetauft verstorbene Frühgeburten in den Himmel kommen können gehören hier ebenso dazu wie theologisch haltlose Begründungen für den Zölibat, dogmatisches Festhalten an der „Jungfrauengeburt", selbst wenn die wissenschaftliche Theologie längst erklärt hat, was mit dieser Aussage gemeint ist.

Auch das Nachdenken über die Dinge, die wir mit unserem Verstand beim besten Willen nicht erforschen können, gehören hierher, sobald sie zur „Glaubenswahrheit", Glaubenspraxis werden oder sogar dogmatisch gefasst werden.

Meist sind dies Bilder, die uns das Unbegreifliche näherbringen wollen. Und das wäre gut so, wenn es bei den Bildern bleiben würde. Aber allzu oft verrennt sich der Zweig der Theologie, den die Amtskirche betreibt, in diesen Aussagen, vergisst, dass es Bilder sind.

Himmel und Hölle gehören dazu, die Dreifaltigkeit, selbst die Gottessohnschaft Jesu und die Auferstehung würde ich hier einordnen. Alles Dinge, über die es sich lohnt, nachzudenken, aber die gefährlich werden, wenn sie festgeschrieben werden.

Wie ein Sprichwort es sagt: „Vertraue dem, der nach der Wahrheit sucht, misstraue dem, der sie gefunden hat" (Quelle unbekannt).

Ich glaube, wenn wir uns auf eines einigen können, dann doch wohl darauf, dass wir wohl alle sehr überrascht sein werden davon, wie dieser Gott nun tatsächlich ist, wenn wir ihn dereinst einmal schauen dürfen.

Wohl kein Theologe, kein Bischof (hoffe ich zumindest) und auch nicht der Papst sind wohl so vermessen, zu behaupten, sie wüssten mit unumstößlicher Sicherheit, wer und was sie da erwartet im Jenseits.

Und so wäre ich persönlich nicht erstaunt, wenn mich keine Dreifaltigkeit erwarten würde, wenn dieses Leben nach dem Tod ganz anders wäre, als ich es mir je ausgemalt habe. Ich wäre nicht einmal überrascht (was ja sowieso nicht ginge) wenn es gar keinen Gott und gar kein Leben nach dem Tod gäbe. Das einzige, was mich überraschen würde, wäre wenn dieser Gott nicht die Liebe, sondern ein die Sünden auflistender strafender Gott wäre. Denn dies würde der Größe seiner Schöpfung einfach fundamental widersprechen.

Und so muss man leider auch die Amtskirche in ihrer Gesamtheit allzu oft dem „Sand im Getriebe" zurechnen, wenn sie zum Beispiel zu genau zu wissen meint, was man als „guter Christ" von Gott zu glauben habe und was nicht. Oder noch schlimmer das Nachdenken und Gespräch über Strukturen der rein menschlichen Kirche verbietet, zum Beispiel das Nachdenken über das Frauenpriestertum „für immer" als beendet erklärt. Oder wenn Bischöfe die Weihnachtspredigt dazu missbrauchen, die Geburt des (männlichen) Jesuskindes als Begründung für den Zölibat zu instrumentalisieren oder andere Geschlechtsidentitäten zu diskriminieren. Deutlicher kann ein Bischof fast nicht zeigen, wie wenig er von seinem Hirtenamt verstanden hat. Er sollte Hirte für seine Herde sein, die aus Männern, Frauen und auch anderen Geschlechtern besteht, nicht Hirte einer wie auch immer gearteten Theologie!

Es gehört für mein Christ-sein unabdingbar dazu, dass ich mir auch „theologische Gedanken" mache, mich fortbilde, mich diesem Gott auch intellektuell nähere. Aber immer in dem Bewusstsein, dass dieses Nachdenken keine Beweise liefern kann, dass es an die Größe Gottes nie heranreichen kann. Und dass ich meine „Erkenntnisse" nicht anderen Menschen überstülpen kann, was hoffentlich auch in diesem Buch deutlich wird.

Aber auch „Kirche" kann dies nicht, da auch sie nur menschliche Gedanken denken kann und jeder Mensch seinen eigenen Weg zu Gott finden muss, kann und darf.

Kein geringerer als Josef Ratzinger hat dies ebenso gesagt (bevor er Papst wurde): „Es gibt so viele Wege zu Gott wie es Menschen gibt. Denn auch innerhalb des gleichen Glaubens ist der Weg eines jeden Menschen ein ganz persönlicher." (Quelle unbekannt)

Die „Schokolade"

Vielleicht hört sich das bisher gesagte für Sie alles ein wenig trocken, sehr verstandesmäßig an.

Glaube ist aber natürlich auch Gefühlssache, und so will ich mich „last but not least" auch noch der „Schokolade" im „Glaubensglas" zuwenden.

Hierzu zähle ich all das, was eben unser Gefühl anspricht – von Rorate-Ämtern, Rosenkranzgebeten, Maiandachten bis hin zum Brauchtum im Jahreskreis (Nikolaus, Adventskranz, Weihnachtsbaum, ….) und unzähligen Kirchenliedern, die oft theologisch höchst bedenklich sind („Gut, Blut und Leben will ich dir geben",), aber eben das Gefühl ansprechen, das durchaus auch zu unserem Christ-sein gehört und gehören darf.

Nicht vergessen sollte man dabei aber, dass jede Handlung, jeder Inhalt auch zurückwirkt auf unser Gehirn, das heißt, wir unser Gehirn (ver)formen durch unser Tun. (Vergleiche zahlreiche Veröffentlichungen zur Gehirnforschung). Von daher sollte man immer auch bedenken, ob jenseits des Gefühls das, was man singt oder betet inhaltlich auch mitvollzogen werden kann.

Aber auch hier muss wieder gesagt werden: Erst nach den „großen Steinen, nach den Kieselsteinen und wohl auch nach dem Sand des Glaubens". Dies sind Dinge, die unser Glaubensleben bereichern können, die es versüßen können, aber nicht an erster Stelle stehen können. Sie sind nicht unwesentlich, aber noch mehr nicht wesentlich.

Glaube leicht gemacht

Wie ist das nun mit dem „einfachen glauben"?

Probieren Sie es einfach einmal. Tun Sie so, als gäbe es Gott, und zwar den liebenden, alles verzeihenden Gott und leben Sie nach seinem Willen: Tun Sie Gutes, wo immer Sie können und es Ihnen nicht schwerfällt, ohne sich selbst dabei zu vergessen, zu kasteien oder zu überfordern.

Dazu gehört natürlich auch der Einsatz seine Schöpfung, Engagement in all den Bereichen, in denen Welt und Mensch bedroht sind. Eine rein egoistische Sicht (nur mir soll es gut gehen) auf die Welt verträgt sich nicht mit dem Christ-sein. Brisante Glaubensthemen sind heute also unbedingt auch der Umweltschutz, die Klimakatastrophe, das Eintreten für die Rechte der Armen dieser Welt, das Engagement für Flüchtlinge und Asylanten.

Sollte ich mich täuschen und es (diesen) Gott nicht geben, so haben Sie meiner Erfahrung nach trotzdem ein sinnvolles, sinngebendes Leben gelebt. Ein Leben, mit dem man zufrieden sein kann. Und das ist doch auch nicht schlecht, oder?

Einwand

Aber ist das dann mehr als guter Kommunismus oder Sozialismus? Teilen, Gutes tun, zusammenhalten?

Für mich schon. Der entscheidende Unterschied liegt in der Motivation, im Grund meines Handelns. Ich tue nicht Gutes auf Grund eines weltlichen Konzeptes, auf Grund einer menschlichen Idee, sondern weil es Gottes Wille ist. Dies muss ich zugegebenermaßen glauben, kann ich nicht beweisen, aber diese Grundlange meines Handelns und Lebens unterscheidet es von jedem ethischen oder politischen System.

Gott als Urgrund meines Handelns und Lebens kann mehr Kraft geben als ein politisch-philosophischer Gedanke es je könnte.

Vielleicht bin ich Ihnen aber trotzdem zu sehr im Irdischen verhaftet geblieben, spielte Transzendenz und Spiritualität eine zu geringe Rolle für Sie in diesem Buch.

Und damit haben Sie natürlich recht. Ohne Transzendenz-Erfahrung und Spiritualität ist das Glaubensleben wohl schwierig.

Interessanterweise durfte ich meine diesbezüglichen Erfahrungen außerhalb des Kirchenraumes machen.

Heilig

Bei der Begegnung des Mose mit Gott am brennenden Dornbusch ruft Gott ihm zu: „Komm nicht näher heran! Leg deine Schuhe ab; denn der Ort, wo du stehst, ist heiliger Boden."[5]

Diese Erfahrung von „Heiligkeit", von der Gegenwart Gottes durfte ich vor vielen Jahren im Rahmen meiner Familientherapie-Ausbildung machen.

„Inhalt" der Sitzung war ein junges Paar mit ihrem Kind, bzw. ein Nicht-Paar, das unbeabsichtigt ein Kind gezeugt hatte und der Vater nicht bereit war, seine Vaterrolle anzunehmen. Nach diversen therapeutischen Interventionen, als alles gesagt war, was an Argumenten gesagt werden konnte, kehrte Stille ein. Und in dieser Stille, die dann ungefähr 20 Minuten dauerte, nahm dieser Säugling Kontakt zu seinem Vater auf, mit Blicken und Glucksern, und dieser konnte es zulassen.

Ich weiß nicht, ob außer mir noch jemand die Gegenwart Gottes in diesen 20 Minuten in diesem Raum gespürt hat, und es ist auch unwichtig. Für mich war er gegenwärtig, war hier heiliger Boden.

Ehrfurcht

Diese Erfahrung von Heiligkeit, von Gegenwart Gottes ist für mich möglich. Sie hat aber nicht zu tun mit der Begegnung mit einem Menschen, der als „Seine Heiligkeit" anzusprechen ist.

Und ich habe auch Probleme damit, wenn Menschen sich für den Empfang der „heiligen"(?) Kommunion hinknien und diese nicht mit ihren unwürdigen Händen entgegennehmen können.

In Psalm 8 heißt es: „Was ist der Mensch, dass du seiner gedenkst, des Menschen Kind, dass du dich seiner annimmst? Du hast ihn nur wenig geringer gemacht als Gott, du hast ihn gekrönt mit Pracht und Herrlichkeit."[6] Das ist die Würde, die dem Menschen zukommt. Er ist nur wenig geringer als Gott, er ist es wert, mit Gott in Kontakt zu treten.

Natürlich ist Gott gegenüber Ehrfurcht angebracht, aber genauso jedem Menschen gegenüber als Ebenbild Gottes und auch mir selbst gegenüber.

Ein Letztes

Dürfen Sie damit rechnen, dass Gott (auf Ihr Gebet hin) eingreift in Ihre Welt, vielleicht sogar Naturgesetze außer Kraft setzt, damit es Ihnen gut geht? Davor möchte ich warnen. Meiner Erfahrung nach führt dies nur zu Ent-Täuschungen.

Ist Beten also sinnlos? Sicher nicht, wie ich Ihnen zum Abschluss in „meinem Glaubensbild" vorstellen möchte. Und vergessen Sie dabei nicht: Es ist ein Bild, keine dogmatische Glaubenswahrheit!

In diesem Bild ist Gott die Sonne, und ich ein Mensch, der vor die Wahl gestellt ist, auf seinem Lebenshaus Sonnenkollektoren anzubringen oder auch nicht. Dies ist mit Arbeit, Kosten und manchmal einem nicht geringen Aufwand verbunden.

Wenn ich mich für die Nutzung der Sonnenstrahlen entscheide (durch Gebet, Sakramente, Gottesdienst, …), leuchtet die Sonne deswegen nicht heller, sie belohnt mich nicht, indem sie sich anstrengt, heller zu leuchten.

Aber sie schenkt mir ihre Energie im Überfluss. Sie bestraft mich auch nicht, verdunkelt sich nicht, wenn ich mich gegen die Kollektoren entscheide.

Und wie ist es mit Himmel und Hölle in diesem Glaubensbild? Ich stelle mir vor, im Augenblick meines Todes vor Gott zu stehen und zu erkennen, wie gut er es mein Leben lang mit mir gemeint hat, wie er mich mein Leben lang mit seiner Liebe überschüttet hat. Und wie sehr ich hinter dieser Liebe zurückgeblieben bin, wie wenig von den möglichen Sonnenkollektoren ich verwendet habe. Dies wird ein schmerzlicher Prozess sein (= „Fegefeuer"). Am Ende dieses Prozesses werde ich bei Gott sein, in seiner Liebe und Glückseligkeit (= „Himmel"). Nicht, weil ich es mir irgendwie verdient hätte, sondern weil er in seiner Liebe gar nicht anders kann, als mich zu sich zu nehmen. Für die, die Wert auf „Gerechtigkeit" legen, kann man sich gern vorstellen, dass dieser Prozess für einen Massenmörder „schmerzhafter" ist als für einen „guten Christen".

Und die Hölle? Gibt es sie? Natürlich. Aber ich bin überzeugt davon, dass sie „leer ist". In der Hölle zu sein würde bedeuten, sich dieses liebenden Gottes bewusst zu sein, aber nicht zu ihm zu können. Zu können, nicht nicht zu dürfen. Gott verweigert sich sicher niemandem. Aber es könnte – im extrem gedacht – sein, dass ein Mensch es nicht aushält in dieser Liebe Gottes zu sein. Dieser Mensch wäre dann in der Hölle. Also in der Gottferne. Aber wie gesagt vertraue ich hier voll und ganz auf die Allmacht

Gottes, dass er es schafft, auch noch den „schlechtesten Menschen" auf sich hin auszu"richten".

Auch hier lasse ich gerne noch einmal Josef Ratzinger zu Wort kommen: „Im jüngsten Gericht werden wir auf Gott hin ausgerichtet!" (Quelle unbekannt)

Zusammenfassung

In der folgenden Aufstellung möchte ich Ihnen das Gesagte noch einmal kurz verdeutlichen:

Christlich glauben heißt

sich fragen: Was will Gott? (von mir)	Hilfen dazu annehmen	im Nachdenken bleiben über	mit Herz und Verstand glauben
(L I E B E)	Gottesdienst	Himmel	Brauchtum
Gottes-, Nächsten- und Selbstliebe	Gebet	Auferstehung Jesu	Nikolaus
	Sakramente	Jungfrauengeburt	Adventskranz
Gott will, dass er uns wichtig ist, weil wir ihm wichtig sind!	Gebote	Zölibat	Rosenkranz
	Beichte	Dreifaltigkeit	Maiandacht
	Kirche	Gottessohnschaft	Rorate-Ämter
Wir = jeder Mensch	Bibel	Frauenpriestertum	Kirchenlieder
	Vorträge	Amtskirche	Rituale

DER Eckpunkt christlichen Glaubens: Gott liebt uns über den Tod hinaus!

Damit bin ich am Ende meiner Gedanken und Überlegungen angelangt. Sie sollen vor allem Ermutigung zum eigenen Glaubens-
weg sein, die Freude am Glauben (neu) wecken.

Ich freue mich, wenn Sie mir ihre Gedanken dazu mitteilen, auch
über meine Bücher „Gedanken durch das Jahr", „Geschichten
vom Leben", „Warum ich mich manchmal schäme, katholisch zu
sein aber es noch immer bin" und meine „Elfchen". Schreiben Sie
mir per mail:

buchkritik3@online.de

Verzeichnis der Bibelstellen

1) S. 5   1 Kor 13,13

2) S. 7   Lk 10,27

3) S. 9   Mt 7,21

4) S. 9   Jak 2,14-20

5) S. 21   Ex 3,5

6) S. 22   Ps 8,5-6

Bei den Texten, die mit „Quelle unbekannt" gekennzeichnet sind, konnte ich die Urheberrechte nicht klären. Sollten solche bestehen, bitte ich um Nachricht.

Elizabeth M. Potter /
Beatrix Potter (contributor)

Beatrix Potter
Painting Book part 10

by
Elizabeth M. Potter

Content   Page

Colouring pictures

Bibliografische Information der Deutschen Nationalbibliothek:
Die Deutsche Nationalbibliothek verzeichnet diese Publikation in der Deutschen
Nationalbibliografie; detaillierte bibliografische
Daten sind im Internet über http://dnb.dnb.de abrufbar.

Herstellung und Verlag: BoD – Books on Demand, Norderstedt

ISBN: 9783752866544

Further books of Elizabeth M. Potter

NOTEBOOKS
The Peter Rabbit Notebook
PAINTING BOOKS
Beatrix Potter Painting Book Part 1 (Peter Rabbit)
Beatrix Potter Painting Book Part 2 (Peter Rabbit)
Beatrix Potter Painting Book Part 3 (Peter Rabbit)
Beatrix Potter Painting Book Part 4 (Peter Rabbit)
Beatrix Potter Painting Book Part 5 (Peter Rabbit)
Beatrix Potter Painting Book Part 6 (Peter Rabbit)
Beatrix Potter Painting Book Part 7 (Peter Rabbit)
Beatrix Potter Painting Book Part 8 (Peter Rabbit)
Beatrix Potter Painting Book Part 9 (Peter Rabbit)
Beatrix Potter Painting Book Part 10 (Peter Rabbit)
Peter Rabbit Painting Book
CLIPART BOOKS
Beatrix Potter 99 Cliparts Book Part 1 (Peter Rabbit)
Beatrix Potter 99 Cliparts Book Part 2 (Peter Rabbit)
Beatrix Potter 99 Cliparts Book Part 3 (Peter Rabbit)
Beatrix Potter 99 Cliparts Book Part 4 (Peter Rabbit)
PASSWORD BOOKS
The Peter Rabbit Passw ortbook